ALPHABET
DU PETIT SOLDAT

avec gravures

PARIS

F. F. ARDANT FRÈRES, LIBRAIRES,

25, quai des Augustins.

ALPHABET

DU PETIT SOLDAT

AVEC GRAVURES.

PARIS
F. F. ARDANT FRÈRES, LIBRAIRES,
25, quai des Augustins.

Sapeur. Tambour. Tambour-Major.
Cantinière. Musiciens.

— 3 —

A B C
D E F G
H I J K
L M N O

PQRS
TUVX
YZ.
Æ OE W

— 5 —

A a b c d e f g h i
j k l m n o p q r s t
u v x y z.

Voyelles.

a e i o u y.

Consonnes.

b c d f g h j k l m
n p q r s t v x z.

Lettres doubles.

fi ff ffi fl ffl w.

Chiffres.

1 2 3 4 5 6 7 8 9 0.

SYLLABES.

Ba be bi bo bu
Ca ce ci co cu
Da de di do du
Fa fe fi fo fu
Ga ge gi go gu
Ha he hi ho hu
Ja je ji jo ju
La le li lo lu

Ma	me	mi	mo	mu
Na	ne	ni	no	nu
Pa	pe	pi	po	pu
Qua	que	qui	quo	quu
Ra	re	ri	ro	ru
Sa	se	si	so	su
Ta	te	ti	to	tu
Va	ve	vi	vo	vu
Xa	xe	xi	xo	xu
Za	ze	zi	zo	zu

CARABINIERS.

Corps de cavalerie composé seulement de deux régiments.

DRAGONS.

Cavalerie mixte, c'est-à-dire qui fait également l'exercice de l'infanterie.

ÉCOLE POLYTECHNIQUE.

Etablissement où les jeunes officiers du génie font généralement leur éducation militaire.

GARDE IMPÉRIALE.

Les régiments, infanterie et cavalerie, qui composent ce beau corps d'armée, sont formés des soldats qui se font distinguer par leur bonne conduite.

LANCIERS.

L'uniforme de ces cavaliers a été copié sur celui des lanciers polonais,

ZOUAVES.

Les zouaves tiennent ordinairement garnison en Algérie. Pendant nos dernières guerres de Crimée et d'Italie, où ils ont été envoyés, ils se sont fait remarquer par leur bravoure et leur intrépidité.

THIONVILLE.

La ville de Thionville, assiégée par l'armée prussienne, en 1793, les soldats français placèrent sur les remparts un cheval de bois au cou duquel ils attachèrent une botte de foin, avec cette inscription : *Les Prussiens prendront Thionville, quand ce cheval mangera du foin.*

BATAILLE D'AUSTERLITZ.

Quatre bataillons escortant un parc de 50 pièces d'artillerie, et poursuivis par nos troupes, voulurent traverser un canal glacé. La glace n'étant pas assez forte pour supporter ce poids énorme, rompt lorsque les convois étaient au milieu du lac : hommes, chevaux, caissons, tout disparut.

ARABES.

Soldats africains, commandés par l'émir Abd-el-Kader, de 1834 à 1841, époque à laquelle ce dernier fut fait prisonnier. Les troupes arabes se sont opposées jusqu'à nos jours avec une grande énergie, souvent même avec cruauté, à la colonisation de l'Algérie.

Limoges. — Typ. F. F. Ardant frères.

Limoges. — Imp. E. E. Ardant frères.

www.ingramcontent.com/pod-product-compliance
Lightning Source LLC
Chambersburg PA
CBHW071420060426
42450CB00009BA/1955